《潮汕华侨文化》编委会

丛书主编：纪彦芳
丛书主审：林伦伦
编　　委：林耀龙　黄泽雄　谢彦民

本册主编：谢少玲
副 主 编：魏晓兰
参　　编：吴　丹　何佳弘　林珊娜　黄　颖
　　　　　郭玉芬　郑曼琪　王璟琪　林泽华
　　　　　吴晓婷

指导单位：
汕头公共外交协会
汕头市教育局
汕头市侨务局
汕头市归国华侨联合会
汕头市龙湖区公共外交协会
汕头市龙湖区教育局
汕头市龙湖区侨务局
汕头市龙湖区归国华侨联合会

潮汕华侨文化

《潮汕华侨文化》编委会 / 编

第五册

广东高等教育出版社
Guangdong Higher Education Press

·广州·

图书在版编目（CIP）数据

潮汕华侨文化. 第五册 /《潮汕华侨文化》编委会编. —广州：广东高等教育出版社，2023.5

ISBN 978-7-5361-7320-0

Ⅰ. ①潮…　Ⅱ. ①潮…　Ⅲ. ①华侨－文化－潮汕地区－小学－教学参考资料　Ⅳ. ① G624.453

中国版本图书馆 CIP 数据核字（2022）第 176415 号

潮汕华侨文化（第五册）

CHAOSHAN HUAQIAO WENHUA（DI-WU CE）

出版发行	广东高等教育出版社
	地址：广州市天河区林和西横路
	邮编：510500　营销电话：（020）87553335
	网址：www.gdgjs.com.cn

印　张	4.5
字　数	60 千
版　次	2023 年 5 月第 1 版
印　次	2023 年 5 月第 1 次印刷
定　价	25.00 元

序

　　潮人文化源远流长，其主要源流有三：一是粤东沿海原住民的土著文化，二是从河南经福建入潮移民的中原文化，三是从原住民到潮人（中原移民）的海上活动形成的海洋文化。

　　现汕头市的南澳县、澄海区的程洋冈、潮阳区的海门，潮州市饶平县的柘林，揭阳市惠来县的神泉等，都曾经是不同历史时期粤东沿海的著名港口，是海上丝绸之路的重要节点。明清以来，现汕头市澄海区的樟林港，更曾经是粤东、闽西南、赣东南人民南下中国香港地区和东南亚各国，北上上海、青岛、天津、北京和日本、韩国的重要港口。1860年汕头开埠前后，英国等国家的轮船陆续通航汕头，并有十多个国家先后在汕头设立了领事馆，汕头港逐步取代了樟林港的地位而成为中国东南沿海地区的重要港口。

　　1921 年，汕头正式设立了市政厅，有了首任市政厅厅长，到 2021 年刚好 100 周年。据《潮海关史料汇编》记载，汕头港的进出港船舶总吨位曾经名列全国第三。近代从樟林港和汕头港漂洋过海到我国香港地区和东南亚各国谋生的潮人以数百万计。发展到现在，潮籍的华侨华人更是以千万计，潮汕民间有"海内一个潮汕，海外一个潮汕"的说法。数百年来，这 1 000 多万的"番客"（海外华侨华人），搭乘着红头船或者轮船，在潮汕与中国香港地区及东南亚各国之间频繁来往，或贸易，或探亲，形成了潮人文化三大源流之一的海洋文化，也形成了潮人"爱国、爱乡、爱自己的家人"的优秀品质和"艰苦拼搏、勇于创业、开拓进取、海纳百川"的精神特质。

今天，时代的列车已在 21 世纪的轨道上飞速前行。历史积淀深厚的潮人文化、丰富多彩的华侨文化虽然曾经深深地烙印在前辈潮人身上，但对于当代的少年儿童来说，似乎已成前辈故事。但是，潮人文化中爱国爱乡、拼搏创业、追求精致等优秀特质，值得年轻人继续传承和发扬。

有鉴于此，汕头市龙湖区金阳学校教育集团在上级各单位的指导下，为潮汕侨乡和国内外的潮人少年儿童编著了这套"有声有色"（音频、插画）的《潮汕华侨文化》读本，希望通过学校的教学和课外的阅读，让同学们了解潮汕侨乡文化的源流，了解自己的家乡，知道自己的根在哪里，使优秀的潮汕侨乡文化得以延续和弘扬。

我有幸受邀作为读本的主审，参与了老师们的编写、修改，初稿评审、再修改，二稿评审、第三次修改，三稿评审、第四次修改，直至定稿交出版社的整个过程，认为这是一套内容丰富多彩、富有潮汕侨乡特点、有声有色有趣味的，适合孩子们阅读、学习的读本。特写下这篇千字短文作为序言推介之。

林伦伦

2022 年暑假写于汕头

作者系当代著名语言学家，广东技术师范大学教授，汕头大学原副校长、韩山师范学院原校长。

目　录

第四单元

散文

第一单元

古 诗

① 十五夜月①

[明] 苏福②

扫码听音频
（潮汕话）

天上人间月正中，中秋八月半欣逢。
四时但愿长如此③，只恐推移渐不同。

扫码听音频
（普通话）

【注释】

① 本诗选自《韩江闻见录》（清·郑昌时），苏福八岁写下30首从"初一"至"三十"的吟月诗，此为第十五首。

② 苏福（1372—1385）：惠来神泉人。洪武年间被推举为神童。

③ 长如此：长期这样。

导 读

小诗人苏福的这首"吟月诗"描绘的是农历八月十五夜的月色。八月十五是中华民族的传统佳节——中秋节。这一天晚上，天上人间共赏一轮圆月，家家户户欢庆团聚。小诗人不禁发出感慨：真希望月亮每天晚上都像中秋节一样圆满，然而月盈月亏却是自然规律，无法避免。你们看，小苏福是个多么可爱的小诗人呀！

　　神童苏福是 600 多年前潮汕一颗耀眼的童星，出生于潮阳县酉头都神泉乡［明嘉靖三年（1524）置惠来县，神泉改属惠来］。"海角甘泉"是神泉港一处闻名遐迩的地标性建筑，这里有一处泉堀，水质甘醇，取之不竭。苏福生于斯长于斯，从小喝着"神泉"的水长大，对甘泉有着深厚的感情。他在 7 岁那年，挥笔写下几百年来难觅佳对的独脚联："抉（快）取携而不竭，任卤浸咸蒸独标平淡"。原来神泉这地方，土质含盐分高，池、塘、溪、河的水，都略带咸涩；而这处泉堀的水，却是出奇地清澈甘甜。更可贵的是，这短短 15 个字，体现了一种只讲奉献不求索取、出淤泥而不染的高尚品质。此联一出，顿时引来各地文人骚客纷纷撰写下联，神泉由此名重一时。

　　苏福自幼天资聪颖，才思敏捷，有神童之誉。他 8 岁能作诗，10 岁出版诗集，14 岁上京殿试被皇帝赏识，现存吟月诗 30 首及《送林鼎元》《纨扇行》《秋风辞》等名篇。

潮汕自古多贤达。你还知道哪些潮汕先贤的故事？查阅资料记录下他们的故事，还可以为他们的故事配上插图，并和同学们分享。

2 登望海峰和侯、于二公韵[1]

[明] 刘大勋[2]

仙迹钟玄境，舆图[3]重澳关。

投醪[4]谐士气，献策慰君颜。

溟渤[5]通澄澈，风帆任往还。

况逢尧舜世，铜柱拟天山。

【注释】

① 本诗选自《悬钟城明代摩崖石刻辑录》。侯、于二公指侯继高、于嵩。侯继高，明万历七年（1579）任南澳副总兵；于嵩，明万历九年（1581）任南澳副总兵。

② 刘大勋：字茶溪，安徽六安郡（今六安市）人。

③ 舆图：指地图（疆域图），也指疆域、疆土。

④ 投醪（láo）：醪，指带糟的浊酒；投醪，把酒倒进河里，舀起河水官兵共饮，意思是与军民同甘苦。典故出自越王勾践的故事。

⑤ 溟渤：指溟海和渤海，泛指大海。

导读

此诗是福建省诏安县悬钟城果老山上一处摩崖石刻的题诗，"望海峰"是此山中一座小山峰的名称。诗人刘大勋在明万历十二年（1584）来到南澳任副总兵一职，任职期间励精图治、造福百姓、尽忠职守。他组织建立的"雄镇关"如今仍伫立在南澳。

知识拓展

1. 雄镇关。

明万历十二年，刘大勋来到南澳任副总兵。有一天，刘大勋率领军队在岛内巡视，不久便来到距南澳总兵府五六里处的山脊上。他陡

然感到这里地理位置特殊，一打听才知道，原来在 20 多年前，浙江总兵戚继光就是凭借此地优越的地势，一举剿灭了吴平海盗集团。刘大勋意识到此地的重要性，便在此附近建立关隘，同时还在西侧修建了真武庙与佛寺。建好的关隘距总兵府约 3 公里，居高临下，放眼北望，深澳景物以及猎屿、虎屿近远海况尽收眼底；而据关南眺，云澳之境直至海中情形，畅望无阻。

后来常驻南澳的潮州府海防同知王懋（mào）中撰写碑文并竖立在其关隘附近，文中说明了建此关隘的缘由以及规模。明万历四十八年（1620），南澳另外一位副总兵何斌臣在这基础上进行拓建，并将其命名为"雄镇关"。

2．总兵府。

由于南澳岛地理位置特殊，为了防止地方长官拥兵自重，明、清的统治者以雄镇关作为分界线，将南澳岛划分为两部分，由广东和福建两省共管。走私活动的猖獗、倭寇的侵扰、海盗的盘踞，导致朝廷派驻南澳的士兵不断增多。南澳最终成了管制闽粤台的重要军事基地，由此有了南澳总兵府。明、清两朝，总兵府共有上百名长官走马上任，如民族英雄刘永福就曾任南澳总兵。到了清代，南澳总兵府负责闽粤两省，还有台湾、澎湖的海防军务。

收复台湾的民族英雄郑成功曾据守南澳岛长达 20 来年，在岛上高举"反清复明"的旗帜，招收兵马据守台湾。总兵府前的"招兵树"纪念的就是郑成功当年的这段历史。

南澳岛上还有南宋古井、太子楼遗址、金银岛、南山寺，以及众多的文物古迹等。假如外地的朋友前来游览，你会如何设计游览路线呢？请你和小伙伴开展一次研学活动，把你设计的路线和同学们进行分享讨论。

_____________游览路线图

⬆北

3 潮阳道中[1]

[宋]王安中[2]

火轮[3]升处路初分，雷鼓翻潮脚底闻。

万灶晨烟熬白雪，一川秋穗割黄云。

岭茅已远无深瘴[4]，溪鳄方逃畏旧文[5]。

此若有田能借客，康成[6]终欲老耕耘。

【注释】

① 本诗选自《古今图书集成：方舆汇编·职方典》。"潮阳"指当时的潮州。

② 王安中（1075—1134）：字履道，号初寮。中山曲阳（今河北曲阳县）人。北宋末、南宋初词人。

③ 火轮：太阳。

④ 瘴（zhàng）：瘴气，多指热带原始森林里动植物腐烂后生成的毒气。

⑤ 旧文：指韩愈的《祭鳄鱼文》。

⑥ 康成：东汉末年儒家学者、经学大师，因党锢事件遭禁，栖身东莱，边耕耘边著述。

　　诗人王安中于宋钦宗靖康元年（1126）被贬象州。他取道潮阳（当时指潮州），向西南进发。诗中写了征途上的所见所闻所思所叹，描绘了千家万户举火为炊、大片稻谷叶枯穗黄的岭南农村景色。全诗融情于景、以景托情，寄托了自己归隐农村、安享晚年的愿望。

　　1. 前美村。

　　前美村位于汕头市澄海区隆都镇。一进前美村，最为人所熟知的便是旅泰著名华侨实业家、金融家陈慈黉及其家族兴建的大规模民居建筑群体——陈慈黉故居。整座建筑典雅而壮观，总格局以传统

的"驷马拖车"糅合西式洋楼，点缀亭台楼阁、通廊天桥，既呈现建筑之美，也处处展示着潮人先辈艰苦奋斗的往事和爱国爱乡的情怀。村中还有一个古老村寨，名永宁寨。它是该村先祖陈廷光于清雍正年间建成的，至今已有两三百年的历史，寨体基本完好，系澄海区现存的稀有古建筑之一。

2．凤岗村。

凤岗古村落位于汕头市濠江区马滘街道东南部，建于 1319 年，现存不少清末、民国时期建筑，基本保存完好，是粤东地区一个独具魅力的滨海古渔村。凤岗民居多依山而建，就连石头也是照原始的样子"长"在家里，当地人称为"石部厝"。郑姓是凤岗村的主体姓氏。凤岗村现有四大祠堂，均为"郑氏宗祠"，宗祠是"四点金"格局的大型建筑。2010年，"凤岗珍珠娘娘庙会"被列为汕头市非物质文化遗产。凤岗古村落2013 年 1 月被列为广东省古村落，2014 年 1 月被中国民间文艺家协会正式命名为"中国古村落"。

丰富多彩的潮汕民风民俗仍保存在古村落里，如"珠浦拜圆年""凤岗妈庙会""冠山赛大猪""盐灶拖神"……请你探访汕头的古村落，来一场现场写生，将村落中具有潮汕特色的建筑或活动用画笔表现出来，或者写成游记。

扫码听音频
（潮汕话）

扫码听音频
（普通话）

4 巡南澳①

［清］吴兴祚②

渡海登南澳，浮天③晓日红。

山形皆向北，水势自朝东。

浪卷晨昏雾，帆悬闽粤④风。

咽喉⑤成锁钥⑥，控制两相同。

【注释】

① 本诗选自《潮州府志》（清·周硕勋编著）。

② 吴兴祚（1632—1697）：字伯成，号留邨，绍兴府山阴（今浙江绍兴）州山人，是清朝两广总督。

③ 浮天：海水将天幕浮漂在上。

④ 闽粤：福建、广东两省。

⑤ 咽喉：比喻险要的交通要道。

⑥ 锁钥：本指锁头，喻指在军事上相当重要的地方。这里点明南澳岛极其重要的战略位置。

导读

  诗人吴兴祚渡海登上南澳岛，见烟雾缭绕，红日高照，海面如同仙境，远眺山形北走，潮水东退，晨、昏之时，浪花卷起海雾，海风涨满风帆，十分壮观。诗中以"咽喉""锁钥"作比，点明了南澳岛极其重要的战略位置。

知识拓展

  2007 年 5 月 25 日，在南澳附近海域发现一艘古沉船，其后被称为"南澳Ⅰ号"。经考证，它是迄今我国发现的唯一一艘明代古沉船，也是我国目前经过正式发掘的一艘明代商贸船，具有十分重要的研究价值。

  "南澳Ⅰ号"明代沉船是南澳渔民在潜水捕鱼的时候无意中发现的，经过水下考古队详细的调查、勘探，这座沉睡于海底 400 余年的宝藏终于浮出水面。沉船从被发现到水下成功发掘，前后历时 6 年，共出水各类文物近 3 万件。文物涵盖陶器、瓷器、铁器、锡器、铅器、漆木器、琉璃器及大量的有机物，如核桃、板栗、荔枝、橄榄、大料和药材等。其中数量最多的是瓷器，这些瓷器造型精美，大部分为青花瓷，也有部分青釉、白釉、青白釉瓷器，涵盖绘有人物、花卉、动物纹饰的青花大盘、碗、罐、盆、钵、杯、瓶、粉盒等品类。其中，有少量宋元时期的瓷器。

　　"南澳 I 号"的发现，有力地证明南澳自古以来就是"海上丝绸之路"的重要通道，对于研究粤东历史海上交通运输、对外贸易，乃至我国的航海史、造船史都具有较高的价值。同时，"南澳 I 号"的抢救发掘和保护，也为水下考古的规范做出了有益的探索。

　　南澳县海防史博物馆是广东省唯一的县级海防史专题博物馆。让我们去馆内看看古沉船出水文物，参观南澳设防图半立体沙盘，纵观闽南粤东的海防设置，尽览我国明清时期沿海军事史的缩影。请记录下你感兴趣的几件展出文物，并做介绍。

文　物	简　介

扫码听音频
（潮汕话）

扫码听音频
（普通话）

 寓居春晚花卉蔬果盛敷荣欣然有作八首（其五）①

[清] 曾习经②

面面纱窗白日迟③，双双舞蝶淡黄衣。

新阴④欲满春藤秀，正是葡萄上格时。

【注释】

① 选自《蛰庵诗存》（清·曾习经）。盛敷荣，即灿烂地盛开。《琴赋》曰："迫而察之，若众葩敷荣曜春风。"《晋书·王羲之传》曰："顷东游还，修植桑果，今盛敷荣。"

② 曾习经（1867—1926）：字刚甫，一作刚父，号刚庵、蛰公，别号蛰庵居士。广东揭阳棉湖（今揭西县）人。民国藏书家、学者。清光绪年间，曾习经官至度支部左丞，兼任法律馆协修、大清银行监督、税务处提调等职。当时部务新创，举要挈纲，制定章约，多出自其手。

③ 白日迟：用《诗经·豳风·七月》"春日迟迟"句诗意，指春日过得缓慢的意思。

④ 新阴：春夏之交新生枝叶逐渐茂密而形成的树荫。

　　晚清的岭南诗坛曾辉煌一时，诗人曾习经就是"岭南近代四家"之一。辛亥革命后，曾习经退出政坛，心境平静淡泊，寄意田园。从他的这首诗中，我们可以品味诗人闲适的生活情调。

　　1．橄榄。

　　橄榄，又名青果，因果实尚呈青绿色时即可供鲜食而得名；又称谏果，因初吃时味涩，久嚼后甘香可口，余味无穷，比喻忠谏之言，虽逆耳，而于人终有益。橄榄成熟期一般在每年农历十月左右。潮汕人喜欢吃橄榄，可生食、炖汤、入药、送粥……橄榄还可加工成橄榄菜、橄榄糁（shēn）、油橄榄等。

　　潮汕人平时喜欢吃青橄榄，视橄榄为果中之珍，新春佳节，多以橄榄奉敬客人。

　　2．潮州柑。

　　柑在潮汕是一种象征吉祥的果子，体现了独特的地方民俗文化。潮州柑因比桔大，故常称"大桔"，而桔与吉同音，就成了"大吉"。新春佳节，潮人拜年时会带着一对或两对"大吉"（带着新年的吉祥），走亲访友，互换"大吉"，互相祝福，愿彼此"同同大吉"。"大吉"也是祭拜的佳果，不论是在宫庙祭神或是家中拜祖先，祭品除鸡、鹅、鸭、糖果、粿品等外，也必须有"大吉"。

　　水果，是一个地域的地理性标志，也能够勾起人们舌尖上的乡愁。在广袤的潮汕平原，勤劳的人们用汗水培育出各种佳果。汕头电视台推出的特别节目《潮汕有佳果》，寻访了潮汕各地的名优特色水果，用镜头记录它们从种植、采摘到加工"变身"的全过程。

　　请同学们找一种自己最感兴趣的水果，与其他同学开展小组合作，对这种水果的历史由来、市场售价、如何挑选、如何食用等方面进行简单的研究，做成一份关于潮汕佳果的研究报告。

歌　曲

6　一壶好茶一壶月[1]

陈小奇[2]

一壶好茶一壶月，满天乡愁相思夜。
梦中千年匆匆过，天涯看云飞。

一壶好茶一壶月，只愿月圆勿再缺。
万里乡情满腔爱，今夜伴月回。

一壶好茶一壶月，
只愿月圆勿再缺、勿再缺。
只愿月圆勿再缺、勿再缺。
万里乡情满腔爱，今夜伴月回。

【注释】

①　选自潮语歌曲《一壶好茶一壶月》歌词。词作者陈小奇。

②　陈小奇：1954年生，广东普宁人，中国著名词曲作家，音乐制作人及电视剧制片人，文学创作一级作家。代表作品有《涛声依旧》《大哥你好吗》《九九女儿红》和潮语歌曲《一壶好茶一壶月》《苦恋》《彩云飞》等。

导　读

　　"一壶好茶一壶月，只愿月圆勿再缺。万里乡情满腔爱，今夜伴月回……"这首歌唱的是漂泊在外的潮汕人望月饮工夫茶而思念潮汕故乡的情景。歌词用潮汕人最共同最显著的日常生活特征——喝工夫茶作为表现元素，既唱出了海内外潮人爱国爱乡的共同心声，也唱出工夫茶的名气。工夫茶在潮汕地区和海外的潮人聚居区，已经不仅仅是一种喝茶形式那么简单，它代表的是潮人文化，也是中华优秀传统文化（参阅司马攻《明月水中来》）。

知识拓展

　　工夫茶是指流传于潮汕一带的以乌龙茶为主要用茶、以精致配套的泡茶器具为工具、遵照独特程式冲泡的一种品饮方式。潮人喜欢以茶会友，在细品慢酌、谈笑风生中，人们互通信息、加深感情。潮汕地区把茶叫作"茶米"，茶在潮人心目中的分量如同粮食一般，可以食无肉，

不可居无茶。

传统的工夫茶所用的工具基本上都是陶瓷制品：一盖瓯或一冲罐、三茶盅、一茶盘、一茶池、一砂锅（铁锅）、一泥炉（电炉）。斟茶时，三个茶盅并围在一起，形成一个"品"字。

筛茶的时候，要把茶汤依次轮转筛入茶杯，如此反复二三巡把各个茶杯斟至欲满，称为"关公巡城"；再将茶瓯（或冲罐）中最后所剩不多的茶汤一点一抬头依次点入三个茶杯之中，称为"韩信点兵"。三个杯中茶汤的量、色均匀。

潮汕地区几乎家家户户都喝茶。请你找个时间，和家人一起品品工夫茶，描述一下：

茶的品种	
茶叶的外形	
茶汤的颜色	
茶汤的味道和口感	
品茶的体会	

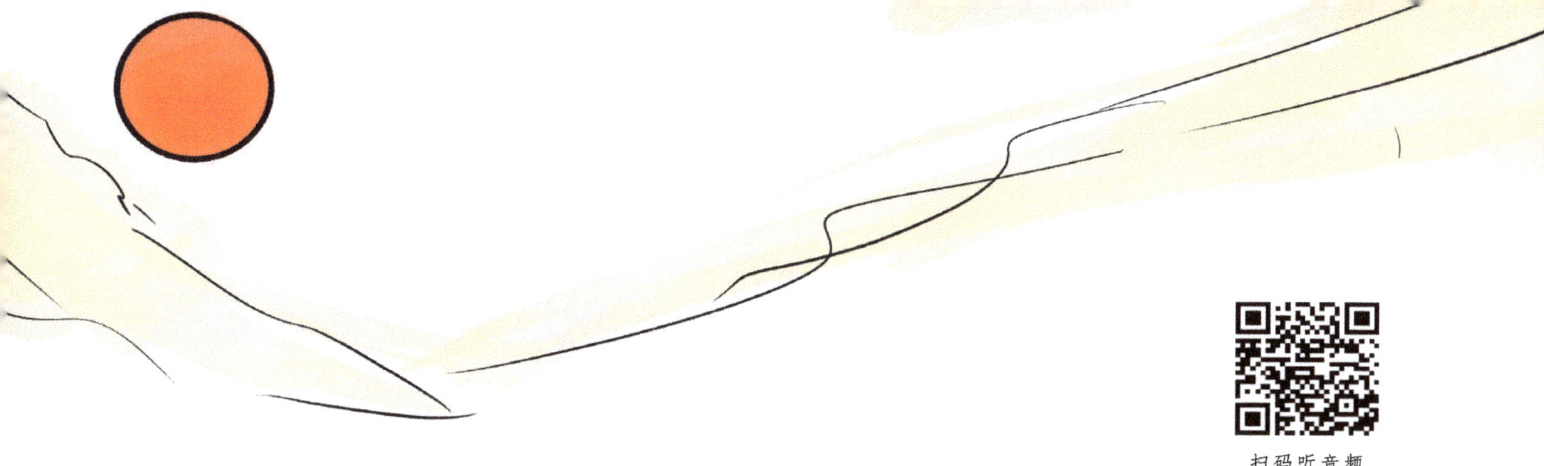

7　英歌锣鼓[1]

陈小奇

你可曾记得当年情怀？
过年过节，多少英雄气派。
英歌锣鼓是后生好汉，
八面威风，古古怪怪。

你可曾记得当年情怀？
彩旗飘过，又飘过来，
英歌锣鼓，它长盛不败[2]，
赢了千年又从头来。

英歌锣鼓人人知，
游子过海泪满腮。
只愿今日一曲锣鼓英歌。
牵动万里乡情、万里爱。

英歌锣鼓人人知，
游子过海泪满腮。
只愿今日一曲锣鼓英歌，
牵动这万里乡情、万里爱。

【注释】

① 选自潮语歌曲《英歌锣鼓》歌词，词作者陈小奇。

② 长盛不败：长久兴盛而不衰败，比喻长时间保持旺盛的势头。

导 读

　　潮语歌曲是独具地方特色的方言歌曲，像粤语歌曲、闽南语歌曲一样。潮语歌曲用潮汕方言演唱，歌唱潮汕的风土人情，反映新时代潮汕风貌以及潮汕人的家国情怀，备受潮汕人的喜爱。词作家陈小奇创作的潮语歌曲《英歌锣鼓》，让人们在欣赏优美音乐的同时，了解潮汕大地上英歌舞八面威风、形象生动的民俗气息和乡土风味，既体现了鲜明的地方色彩，又反映了潮汕人不怕困难、勇于开拓的进取精神。

知识拓展

1. 英歌舞。

　　可以说，每一个潮汕人都是看着英歌舞长大的。潮汕英歌舞是一种很有代表性的民间广场舞蹈，威猛、粗犷，广泛流传于潮汕一带。据说英歌舞源于明朝中期，最初取材于梁山泊好汉的传奇故事，舞者扮成梁山泊众男女好汉，着戏服画脸谱，双手各执短棍或小鼓，随着热烈而有节奏的锣鼓声奋然起舞，舞姿刚劲豪放，节奏强烈，威武壮观。

　　英歌舞被广泛地应用于各种民俗活动中，尤其是逢年过节的迎神赛会节庆活动。人们通过这一活动，祈求神明降福赐吉，保佑平安，祝愿风调雨顺、国泰民安。英歌舞满足了老百姓祈求吉祥如意的心理需求，成为潮人幸福美满生活的精神寄托。

　　普宁英歌舞、潮阳英歌舞都名列国家级非物质文化遗产名录。

　　2．潮州大锣鼓。

　　潮州大锣鼓是以大鼓为中心，多种打击乐相配合，以鼓为指挥，以唢呐为领奏并配以管弦乐的大型合奏式音乐品种。在潮汕地区，基本上每个村子都有自己的锣鼓队，较大的村子甚至不止一个锣鼓队。每年的正月每个村都有特定的日子举行游神活动，俗称"营老爷"，而"营老爷"必不可少的就是潮州大锣鼓表演。每一个潮汕人基本上都是听着大锣鼓声长大的，凡是有潮汕人的地方，就有潮州大锣鼓的风采。

　　在爸爸妈妈的帮助下，走进当地的英歌舞班或潮州大锣鼓班，观赏他们的演出，学习打大锣鼓或者跳英歌舞，做潮汕优秀民俗文化的传承者。

8　侨批情①

林伦伦②

一封侨批，
一头连着番畔，
一头连着唐山，
一头连着唐山。
一头是劳生拼死③过番客，
一头是娇妻携儿等郎归；
一头是思乡思亲过番客，
一头是父母年老盼儿回。

一封侨批，
批肉④浸透亲情，
批壳⑤沾满血泪，
批壳沾满血泪。
寄来的是艰苦钱银淌血汗，

寄去的是谆谆嘱咐沾老泪；
寄来的是魂牵梦绕家乡梦，
寄去的是日思夜想等郎归，
等郎归。

一封侨批，
道不尽的儿女情长；
一船眼泪，
诉不尽的两地艰难；
一帆问候，
说不完的新奇番畔；
一腔思念，
讲不完的旧时唐山，
讲不完的旧时唐山。

【注释】

① 选自歌曲《侨批情》歌词。词作者林伦伦。

② 林伦伦：1957 年生，广东汕头澄海区人。当代著名语言学家、文化学者，中国语言文学二级教授。国际潮学研究会学术委员会主任，汕头华侨史学会会长。

③ 劳生拼死：拼命干活的意思。

④ 批肉：指侨批封内装的书信。

⑤ 批壳：指侨批的封套，即信封。

导　读

　　潮汕地区是中国著名的侨乡，有"海内一个潮汕，海外一个潮汕"之说。从明清到民国时期，数以千万计的潮人从原乡下南洋到海外谋生。而潮人浓厚的爱国、爱乡、爱自己家人的精神和感恩回馈的优秀传统使得他们在海外一旦站稳脚跟，便开始了与原乡的家庭亲友联系。《侨批情》抒发了在海外漂泊的"番客"与家乡亲人互相思念之情，充分表现了潮人强烈的家乡和家庭情结。

知识拓展

　　从前，广东、福建等省沿海地区的贫苦人民，到海外谋生的很多。一开始，这些旅居国外的侨胞往家里寄信、寄钱，都是托人捎带，很不方便。后来，广东和福建有些民信局就向海外发展业务，成立了专门帮华侨寄递信件和汇款的机构——侨批局。侨批局对便利海外华侨寄信汇

款和与祖国联系起了积极作用，受到了海外广大侨胞的欢迎。在汕头澄海区隆都镇仙地头村就有一所名为"明德家塾"的老宅，它是大名鼎鼎的许福成批局的旧址，曾经营着侨批分拣派送业务，目前是澄海保存最为完整、建筑规模最大、建筑艺术最为精美的侨批局。

　　一封侨批就是一个故事，请你和家人利用节假日参观汕头侨批文物馆并查找有关书籍，了解侨批里的故事，领会华侨精神，制作"侨批故事分享卡"，把侨批故事讲给家人或者同学们听。

第三单元

侨批

9 儿子写给母亲的批信

慈亲大人尊前敬禀者：

兹值三阳启泰[1]，四序[2]履端[3]，恭维大人福躬康宁[4]，起居迪吉[5]，财喜登门，合家老少俱各安知为颂。今乘航运之便，即奉上中央币三佰元，到时查收。内计拾贰元为大人贰月寿诞之庆，又计捌元为国昌与他双亲作寿诞之庆，余充家用。但以后写批如内中有要咕话[6]，可叫泰昌学写之可也。

叨[7]蒙神功保佑，男等并国昌均托庇平安，请释锦念[8]。此信是贰人合寄的，顺手禀知[9]。

余无别言。

肃此敬请金安[10]，并贺新禧。

三男景鸿　禀

庚辰年[11]元月初七日

扫码听音频
（潮汕话）

扫码听音频
（普通话）

【注释】

① 三阳启泰：指冬去春来，阴消阳长，是吉利的象征。后作新年开始的祝颂语。

② 四序：指春、夏、秋、冬四季。序，时序。四时按顺序运行。

③ 履端：指事物的开始。履，本指鞋子，引申指行动，履行。端，开端，开始。

④ 康宁：健康安宁。

⑤ 迪吉：吉祥，安好，问候语。迪，道路。吉，吉祥。走上顺利之道，行上吉祥好运。

⑥ 呾话：说话。

⑦ 叨：谦辞。表示受到别人照顾、保佑。

⑧ 锦念：敬称他人对自己的挂念、关注。

⑨ 禀知：将事情或情况告知尊长。

⑩ 金安：问候语、祝福语。多用于对长辈和尊敬的人。

⑪ 庚辰年：1940 年。这里采用中国传统的干支纪年历法。干支是天干和地支的总称。把干支顺序相配正好六十为一周，周而复始，循环往复。

导　读

　　新春佳节，思亲情切。这是一封远在海外的三子景鸿和邻居国昌合寄给家中母亲的批信。信中儿子向母亲表达了春节深深的祝福，并给家里寄回了 300 元，交代所寄钱款中要拿出 12 元为母亲庆生，8 元用于国昌为其双亲贺寿，其余补贴家用。信中还嘱托泰昌学习写信，转告家中要事。它体现了海外游子对家人的无尽牵挂和孝顺长辈的可贵品质，充分显示了"爱家乡，爱自己的家人"的华侨精神。

知识拓展

中国的传统节日是中华民族悠久历史文化的重要组成部分，形式多样，内容丰富，蕴含着深邃丰厚的文化内涵。

每逢佳节倍思亲，旅居海外的"过番"游子，不忘根在华夏，总会在春节前给家乡亲人呈上一份吉利祝福。这类侨批的封、笺特地用红纸制作，并寄上"腰金"（压岁钱），以表达"恭贺新禧"的美好祝愿，所以也称"过年批"。这些体现海外华侨与国内侨眷感情纽带和经济联系的批信，承载了许许多多动人的故事，寄托了一份份游子思乡的浓浓情意。

活动探究

春节是最重要的中华传统节日，承载着暖融融的亲情。海内外同胞们即使远隔千里，也都会用自己独特的方式共度中国年，寄托乡土情。请你采访身边的侨二代或侨三代，了解他们又是如何同家人过节的，并将你的见闻记录下来，与同学们分享。

10 哥哥写给弟弟的批信

贤弟台知悉：

　　愚兄为因家计太蹙[1]，用费缺乏，故奔走外地求取财利。堂上双亲甘旨[2]皆仗吾弟奉侍，冬温夏凉，免贻[3]亲忧也。为兄本欲尽其子之道，奈山川遥阻，不能承膝下之欢，莫不愧极矣。想弟必遵亲言，赌博非为谅亦不染。当思勤俭力作，以图大振家声。愚兄候稍有遂意，自当收拾回家，与尔同受天伦之乐，岂不美哉。现因有便，寄去大银几元，到时查收，回批来知。

　　此致

　　　　愚兄　字

　　　　己卯年[4]五月六日

【注释】

① 蹙（cù）：困窘，窘迫。"家计太蹙"指家庭经济很困难。

② 甘旨：美味的食物。文中指日常三餐食物。

③ 贻（yí）：遗留。"免贻亲忧也"，指不要使父母担心忧虑。

④ 己卯年：1939年。

导读

　　信中远在海外的哥哥向弟弟倾诉自己由于家中贫寒，不得已到番外挣钱，无法在父母跟前尽孝的惭愧。他仔细嘱咐弟弟在家要从三餐供给、衣物保暖等细节上孝顺、侍奉父母，同时告诫弟弟万万不可沾染赌博等不良习气，要勤于劳作，更期盼能有朝一日返回故乡与弟弟一同侍奉双亲、共享天伦之乐，体现了海外游子对家中父母的深深牵挂，也充分显示了"孝敬父母、兄弟相亲"的中华优秀传统文化中的"孝悌"观念。

知识拓展

　　敬辞，《现代汉语词典》解释为"表示恭敬的言辞"。敬称、尊称，是对他人或对与他人有关的事物的尊敬称呼，是敬辞的重要组成部分。常用的敬辞有"贤"，如本文中的"贤弟"；"令"，称别人父亲说"令尊"，称别人母亲说"令堂"，称别人儿子说"令郎"，称别人女儿说

“令爱”或“令媛”，称别人兄弟说“令兄、令弟”；“贵”，如问人姓氏说“贵姓”，问人家乡说“贵乡”，问人家庭说“贵府”；等等。

　　谦辞，《现代汉语词典》解释为“表示谦虚的言辞”。谦称是对自己或对与自己有关的人、事、物的谦卑的称呼，是谦辞的一部分。常用的谦辞有“愚”，如本文中“愚兄”等；“鄙”，自称为“鄙人”，自己的见解为“鄙见”；“敝”，称自己的姓氏为“敝姓”，称自己的家乡为“敝乡”；“寒”，称自己的家为“寒舍”；称自己的家人为“家”，如“家父”“家母”；等等。

　　使用谦辞、敬语能让我们的表达更加优雅得体，如：借人物件归还原主说“奉还”，看望别人说“拜访”，宾客来到说“光临”，陪伴朋友说“奉陪”，无暇陪客说“失陪”，等候客人说“恭候”。请你学习使用这些体现谦敬的词语和句子，和家人、老师及同学们互相问候吧！

11 双亲写给儿子的批信

诗发吾儿：

　　十月十七日来信已悉，并给瑶通侄一信也同收到，待转给他，免念。知你在校身体很好，学业努力，使能天天进步，将来学成能为国家人民造幸福，这是我等之所望。同时望你对身体切知自重至要。前给瑶通侄之信亦有转给他，免介。来信云及计算尺[①]事，此中托友不易，谅祖国有该货或者香港买用也可。今顺便外付去港币三十元整，届时查收，为必要用。可买计算尺之用，如不要买的话，该款可做买一二件寒衣，或者明年回家省亲[②]祖母时费用也可。家祖母值月有信来往，祖母等皆安康甚慰。洋中[③]大人等也安好免念。燕卿侄女学习何校待知道时另信告你。她回汕时我有寄你之学校及房码 2117 号给她，她是否有时间找你？

　　此示。余事后信，并问汝好。

双亲　字

1956 年 11 月 5 日

【注释】

① 计算尺：根据对数原理制成的一种辅助计算用的工具。

② 省亲：是归家探望父母或其他尊亲的礼俗。

③ 洋中：指南洋，信中指的是泰国。

　　许多海外侨胞并不富裕，但在寄回家乡的批款中，总会特地拨出一部分作为供子女求学的"专款"。收信人朱诗发的父母漂泊泰国谋生，这封信是 1956 年 11 月双亲寄给儿子朱诗发的。他们虽然收入微薄，但不断寄回批款，除赡养朱诗发的祖母和协助其伯父维持生计外，还为朱诗发及其妹妹求学提供费用。1955 年 8 月，朱诗发考进广州华南工学院（现华南理工大学），正为学费担忧，父亲及时寄来了港币 250 元，解了燃眉之急。此后，朱诗发双亲仍不定期寄来批款，供他学习之用，直到他毕业后参加工作。

知识拓展

　　中华人民共和国成立后，大批印度尼西亚、泰国的侨生回国，为了更好地安置爱国归侨学生，华侨补习学校应运而生。中央人民政府华侨事务委员会（即中侨委）于 1950 年正式成立了全国第一所补习学校——北京归国华侨学生中等补习学校。归侨学生在学校中学习科学文化知识，参加思想教育活动。学校对经济困难的侨生实行助学金制度和公费医疗制度，使得侨生们过上无忧无虑的学习生活和集体生活，教师爱学生如子，学生也尊师如父母，发生了很多动人的故事。

广东汕头华侨中学

广东汕头华侨中学是全国较早成立的省立侨校之一。20 世纪 50 年代，在校侨生最多时超过全体学生人数的一半，侨生来自东南亚各国，其中以泰国居多。当时在汕头侨中读书的侨生的经费基本上依靠海外来的"侨批"的支持，每当有侨批来到，学校工作人员就会写入侨批登记簿，将侨批发给收批侨生。侨批登记簿是海外侨生在汕头侨中读书、生活的重要见证和印迹。

侨批登记簿

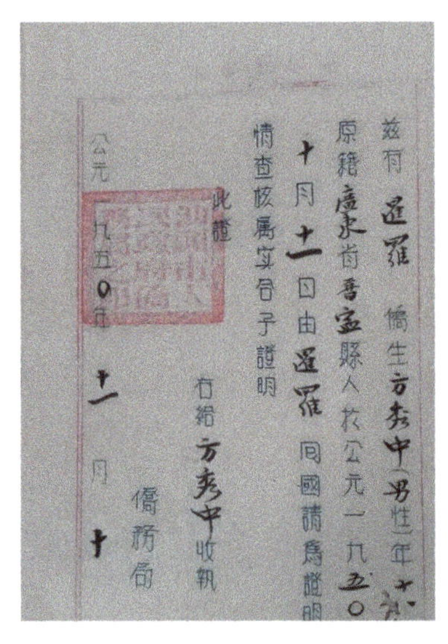

侨生学生证

通过走访你所在地方的华侨中学或者华侨小学，了解中华人民共和国成立后从南洋诸国回华侨中小学读书的学生情况，还可以读一读他们的家长寄来的侨批，并对老师、同学们说说你的感受。

12 哥哥写给妹妹的批信

贤妹妆前[1] 得知：

愚兄为因家情之计[2]，以致抛离双亲，养育深恩未报而身出外地，罪莫大焉[3]。然而，又幸我妹在家，夙愿[4]咫尺[5]，须当时常到来问安，以代承膝下之欢[6]，莫不感激于心矣。况此数年，谅诸甥耕则顺时，营则遂意，必自充足。愚兄虽隔云山，亦喜之不胜[7]矣。兹因顺便，寄付去大银几元，到时收入，希即回音，余言后叙。

专此布祈，代请安亲翁母[8]大人清吉

愚兄　字

戊寅年[9] 十月初六

【注释】

① 妆前：给平辈女性写信时的礼貌用语。

② 家情之计：家里状况的缘故。

③ 罪莫大焉：罪责很深重，文中表示深深自责。

④ 夙愿：表示平生的心愿。文中指希望在家乡的胞妹能经常回母家问候双亲。

⑤ 咫尺：八寸为咫，咫尺表示距离很近。

⑥ 膝下之欢：在父母跟前尽心侍奉，以博得父母的欢心。

⑦ 喜之不胜：非常高兴。

⑧ 亲翁母：男女两姻家互称，男称亲家翁，女称亲家母，简称为亲家。

⑨ 戊寅年：1938 年。

导　读

　　这是一封"过番"打工谋生的哥哥写给家中已出嫁的妹妹的侨批。信中表达了自己未报父母养育恩情就漂泊在外的不舍与愧疚。同时，他感激妹妹能多回娘家问候关心父母，帮助他多尽孝心，并希望外甥们能够勤于农耕，勉于工作，日子一定愈加和美。这封信体现了潮人孝敬父母、兄妹情深的传统家风。写信的哥哥就是妹妹家中孩子们的舅父，而"阿舅"在潮人家庭中具有重量级的地位，因而对外甥们也多加嘱咐。批信的结尾还不忘向亲家翁亲家母请安，更体现了潮汕人礼节的周到。

知识拓展

　　"走囝"即女儿。在潮汕，农历正月初二就是"走囝日"。这一天，嫁出的"走囝"带着丈夫、儿女回娘家拜年，并在娘家与父母共进午餐。潮汕人称这种习俗为"食日昼"。

活动探究

　　这封侨批表达了身居海外的游子对家中父母长辈的绵绵思念以及兄妹血浓于水的亲情。每个人在成长的过程中，都离不开父母长辈的关怀和兄弟姐妹的陪伴。请你回忆你与家中长辈或者兄弟姐妹的有趣往事，说说父母是怎样帮助你成长，兄弟姐妹是如何陪伴你共同成长的。给家人制作一张感恩卡，送上你暖暖的爱吧！

第四单元

散 文

13　故乡的红头船

秦牧

一个人，有时认识一桩事情，需要十分悠长的时间。

半个世纪以前，当我还是一个少年的时候，随父母侨居于新加坡。那时，每隔若干年，我们就要搬家一次。有一次搬家，新居恰好面对新加坡河。

新加坡河，那时密密麻麻靠满了驳船。轮船到达海面，驳船就把货物转载到新加坡河，由苦力把大米、咸鱼、瓷器、土产之类的东西搁在肩膀上，搬运上岸，放进岸畔星罗棋布的货栈之中。

我常常坐在骑楼，观赏新加坡河的一幅幅生动图景。中国苦力（那时新加坡还未独立，仍是英国殖民地，没有所谓新加坡籍华人）的劳动本领是非常惊人的。他们大抵裸露着上体，在肩上披一块搭布，手里持着一把短柄铁钩，用这来钩取货物，

搁到肩上，一百公斤一包的暹罗（泰国）大
米，用竹篾笼罩着的中国咸菜瓮、冬菜瓮、盐
水荔枝之类，他们都能够把它搁在肩上，在一条
狭窄的跳板上疾走，上岸的时候，还能够腾出一只手来，
接过工头发给他们的竹签（这是在搬运完毕的时候，赖以结算工
资的筹码）。他们一列列走在摇晃的跳板上的时候，构成了一幅异常生
动的中国劳动者海外谋生、勤奋辛劳的图景。

　　熙熙攘攘的新加坡河上，除了这些热闹的劳动场面以外，还有一个
奇特的景观，吸引了我这个异邦少年的注意。那就是有一种船，船头漆
成红色，并且画上两颗圆圆的大眼睛。木船本来就有点像浮出水面的
鱼，画上这么一对眼睛，鱼的形象，就更加突出了。听长辈们说，这叫
作"红头船"。当昔年海上没有轮船或者轮船还是很少的时候，粤东的
居民，就是乘坐这种红头船出洋，来到新加坡和东南亚各国的。三十年
代的红头船，倒不一定仍然经常来往于祖国和新加坡之间，那大抵是当
地居民"仿古法制"，借以纪念先人，也用来驳运东西的一种产物。

　　"九一八"事变之后不久，父亲破产了，我们一群兄弟姐妹随他回
国。澄海的樟林镇，就是我们的故乡。初抵国门，觉得什么事都新鲜，
都想接触，不久，我就把"红头船"的事情置之脑后了。

　　故乡有许多特别的事物，吸引了我。首先，是当时已经显得有点破
败的一个内地小镇，为什么竟有那么多夸耀门第家声的人家呢？这些第
宅，各自在大门上挂着"大夫第"③"陇西世家""种玉世家""颍川世
家"④之类的牌匾。河边有一座"天后宫"，香火鼎盛。照一般状况，
凡是船民、渔民众多的地方，才有许多人到天后宫去卜问旅程吉凶，祷

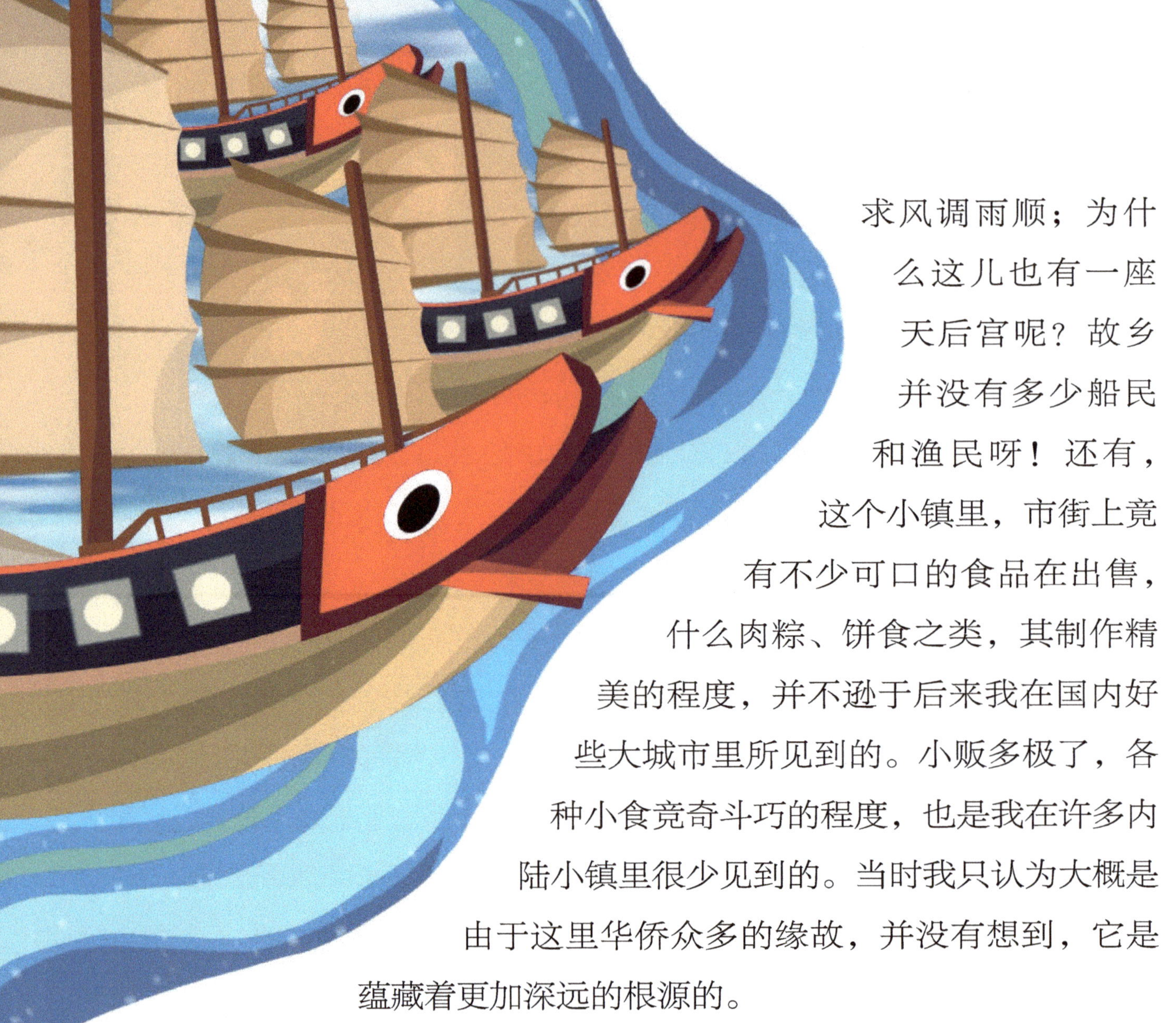

求风调雨顺；为什么这儿也有一座天后宫呢？故乡并没有多少船民和渔民呀！还有，这个小镇里，市街上竟有不少可口的食品在出售，什么肉粽、饼食之类，其制作精美的程度，并不逊于后来我在国内好些大城市里所见到的。小贩多极了，各种小食竞奇斗巧的程度，也是我在许多内陆小镇里很少见到的。当时我只认为大概是由于这里华侨众多的缘故，并没有想到，它是蕴藏着更加深远的根源的。

我们家附近有一条小河，河面并不很宽。我们常在河中游泳和捕鱼。小河里面，不但可以捕到鳗鲡、甲鱼、鲫鱼、泥虾，有时还可以捕到一种扁蟹，它的甲壳里蟹黄极多，腌制起来，风味极美。这种小蟹，各地都很少见到。据渔民们说：它只出产在咸水淡水交界的区域，我们有时喝到的河水也有咸味，这就可见，我们家乡离海很近，有时海水涨潮，是会倒灌进来的。

我们有时会见到一些老头子，站在河岸上，慨叹道："这条河现在比以前窄多了。你们年轻人不知道，从前，听老辈人说，这河是可以停靠很大很大的船舶的，从这里直达'外洋州府'呢！"

少年时期对这样的言论，听过也就算了，并没有怎么引起注意，更谈不上寻根究底了！我从青年时期起就离开家乡，高飞远走，此后数十年间，再也没有在家乡长住过，阔别之后，偶尔回去，也是行色匆匆，从没久留，对于家乡的印象，终于像久历沧桑的照片一样，斑驳迷离了。

解放后，不断听到一些消息，现在潮汕一带，不断发掘出一些古代航海的遗物，有一次还发掘出一条大体完整的几百年前的红头船的遗骸，不禁为之神往。想起几百年前，人们带着一点寒碜的行李，乘着简陋的红头船，以咸鱼、虾酱、酸菜、腌萝卜送饭，在风浪中漂泊，分别到达当时的安南、暹罗、东印度群岛、新加坡、马来西亚的情景，是需要多么大的勇气和毅力啊！这些人，也就是东南亚各国土生华人的祖先了。马六甲那儿的古老的华人坟墓，石碑上的纪年，不但有清初的，也还有明代的呢！

年前，读了一些史料，又有了新的收获，知道我的家乡樟林，原来在汕头未开埠以前，已经是一个著名的港口了。清初，由于海外贸易的需要，它渐渐崛起，那时它河道宽阔，离海又近，在康熙、雍正、乾隆、嘉庆之世，变成了一个热闹的城镇，粤东以至福建许多地方，人们都到这儿集中乘红头船出洋。以后，汕头开埠了，它才逐渐没落。这些史料使我豁然开朗。那儿为什么有香火鼎盛的天后宫呢？为什么集中了那么多的大户人家呢？这是历史的流风余韵啊！我们少年时代为什么能够在河里捉到咸水、淡水交界处才有的小蟹？老年人为什么在河滨伫立时发出那样的感慨？这一来，各种零碎的事象都可以贯串起来了。

一九八五年我访问新加坡的时候，看到了童年时代熟悉的新加坡河，河面上已经连一条木船的影子也没有了！因为海上轮船直接卸货，已经无须经过驳船。这种景象，也使我想起了故乡的沧桑，世间的事物是多么变动不定啊！

澄海，我们那个县准备在樟林建设一座碑亭，竖立一块碑记，让人们知道这个小镇在华侨史上、航运史上的地位，也让远方的游子回来时凭吊先人的足印。他们约我给写了。碑记是这样的：

樟林古港碑记

这里矗立着一座古色古香的碑亭，记录着人间的风云和历史的沧桑。

樟林现在是一个内陆乡镇，然而在历史上，它曾经是粤东第一大港。早在汕头开埠之前，清代康熙年间，由于对外贸易的发展和群众海外移民的需要，澄海的这一滨海村寨，渐渐发展为一个海运港口。那时它帆樯云集⑤，货栈成行。红头船，即一种船头漆成朱红色、单桅或双桅、木材结构的大型帆船，从这里装载旅客和货物，乘风破浪，扬帆远征，北上直达上海、天津、青岛等地，南下出航暹罗、交趾、新加坡诸邦。樟林作为一个繁盛的港口，历时长达一个世纪以上，那时，它曾被喻为"通洋总汇之地""河海交汇之墟"。水手和旅人，本着他们的宗教观念，向之祈福禳祸的风伯庙、天后宫等庙宇，就是那个时期在这里陆续建成的。红头船的古老遗骸和沉重铁链，解放后曾经被陆续发现，也是这段历史的一个佐记。

岁月递嬗⑥，时移势易，直到十九世纪六十年代，汕头开埠，蒸汽轮船来往频繁之后，樟林古港才结束了它作为海运枢纽的地位。潮汕地区最早出现的华侨之乡，就在这片土地之上。

建立这座碑亭，可以让人们重温自己的乡史；让南洋各国的华裔旅客，凭吊⑦遗迹，缅念自己当年漂洋过海、艰苦奋斗的先人。

世事尽管沧桑多变，但是因果关系历历可辨。建立这座碑亭，也让人们有所领会，进而虚心尊重客观法则，勇于面对现实，开拓未来。

1986 年 6 月于广州

【注释】

① 秦牧（1919—1992）：著名作家，中国散文界的"南秦北杨"中的"南秦"。原名林觉夫，广东澄海人，1919 年生于香港，童年和少年时代侨居新加坡。1938 年开始在广州报刊上发表作品。其文学活动涉及很多领域，主要有散文、小说、诗歌、儿童文学和文学理论等。

② 星罗棋布：像星星那样罗列着，像棋子那样分布着，形容分布得多而密。

③ 大夫第：一般是指文职官员的私宅。"大夫第"就是士大夫的门第，不是平民百姓的草庐。

④ 陇西世家、种玉世家、颍川世家：世家，旧时候指门第高贵并且世代相延续的人家。"陇西"及下文的"种玉""颍川"都是根据家族地址位置或特征起的名称，"陇西世家"是李姓的郡望，"种玉世家"是蓝氏，"颍川世家"是陈氏。

⑤ 帆樯（fān qiáng）云集：帆樯，意思是船帆与桅樯，常指舟楫。这里指船聚集热闹。

⑥ 岁月递嬗（dì shàn）：时间变换交替。

⑦ 凭吊：对着遗迹、遗物、遗下的非物质文化遗产等感慨往古的人和事。

潮汕依山面海，数百年来，侨通四海，靠的正是一艘艘红头船。红头船是潮汕人自强不息、勇敢拼搏的精神象征，同时也寄托着潮汕人民对生活的美好期待。如今，樟林古港没有往日商铺林立的繁华热闹，红头船也退出历史舞台。但历史变迁，印记犹存。作为潮汕的儿女，我们应该了解历史、铭记历史，学习先辈敢于开拓、勇于创业的精神，为把家乡建设成为和美侨乡而努力奋斗。

　　"红头船"是粤东地区、闽西南、赣东南地区人民远渡重洋的商船，是联通古代海上丝绸之路的重要纽带。清朝政府为了便于管理，规定各省商船、渔船在船体两端头尾部位和大桅上半截用漆油涂上不同颜色，并刊刻某省、某州县、某字某号等字，以便于进行审批、登记、发牌、稽查等船政管理。按规定，广东船的船头油红色，上面写黑大字，故此称为"红头船"；江苏的船只是象征北方的黑色，"青油漆饰，白色钩字"；浙江即为西方的白色，"白油漆饰，绿色钩字"；福建则为东方的绿色，"绿油漆饰，红色钩字"。

　　红头船文化是汕头"海上丝绸之路"文化的一个重要组成部分。红头船精神就是潮商在长期海上商业贸易活动中创造的，以冒险拼搏、同舟共济、诚实守信为主要内涵的潮人精神。

　　请你查阅书籍资料，找一找哪些潮人故事体现了红头船精神，可以用自己喜欢的方式如拍小视频、画画、手工制作等，向别人讲述这些故事。

14 金山之忆

碧野

凤城北端的金山，有如凤髻高翻[2]。

金山，像凤头。潮州城和潮汕平原，有如翎毛丰满的凤身。而滔滔的韩江，却像飘曳的凤尾。

我的童年和少年，就在凤城度过。而凤髻高翘的金山，却是我中学时期智慧的摇篮。

半个多世纪以来，金山千百遍出现在我的梦中。至今，我对金山有着不可磨灭的印象。

我对金山的记忆，最鲜明的是那口金钟、那株古榕和那棵红棉树。

金　钟

金钟，位于金山顶。大如水缸，纯铜铸造，金光灿烂。它悬于绿色木架上，护以雨板。每当斜晖照临，树影投落金钟上，像镶玉镂金，显得格外端庄明丽。

当朝阳照耀金山的时

候，满山林木金碧辉煌。这时，敲响金钟，钟声远播，清脆、嘹亮，城西的西湖，城南的春城楼，隔江的韩山，都缭绕着金钟长鸣。这时，钟声催人早起，开始一天的劳作。只见潮州城掀起了生活的奔流，早市传来市声，韩江响起汽笛，学生挂起书包匆匆上学。

而当晚霞镀红金山的时候，鸦雀归巢，纷纷噪林，织成了一个欢乐的黄昏。这时，金钟敲响，清音远扬，给人们带来了憩息。人们劳动了一天，擦干汗水，喝一碗潮州香茶！吸一锅福建金丝烟。学生下学晚归，在钟声中又增进了一天的知识。

金山顶上的金钟不仅是学生上下课和潮州城居民作息的信号，而且是岁月进程的音符和生命力旺盛的标志。

金钟给生活增添了优美的音色，给历史谱写了智慧的篇章。至今，我耳边好像仍然听见钟声如凤鸣。

古　榕

一株古榕郁郁葱葱，生长在金山的半山腰上。古榕覆地，几人合抱，终年常绿，枝叶密织，不透阳光，几亩浓荫。

古榕盘根突兀，虬枝横空。它招来阵阵山风，缕缕榕须在风中飘曳，有如一位健壮的老汉。

站在围护古榕的短墙前，可以遥望长天大地。长天晴碧，白云悠悠；大地辽阔，潮州城十里长街辐辏③，房屋鳞次栉比④；潮汕平原连接天海，绿意盎然。

我们同学喜欢三三两两聚坐在古榕下，或温习功课，或谈论文章。金山，以文科著称，是岭东最高学府。那时，挂在古榕边醒目的标语牌上写的是："勿谓今日不学而有来日，勿谓今年不学而有来年，日月逝矣，岁不我延。"这满含哲理的古训，教育了建校百年以来金山历届莘莘学子，使一代代青年走上献身祖国的人生道路。

每当黄昏，潮州城的居民就可以远望金山上出现多种奇观，老鹰千万成群驮着晚霞翔集，密密麻麻盘旋在古榕的上空。它们经过一天远出觅食，傍晚归巢，飞回金山丛林。古榕就是它们最理想的栖宿场所。在暮色降临以前，群鹰在古榕上空聚集飞翔、穿织盘旋，在霞光的映照下，随风回荡，给金山带来一天最后的神奇景色。

金山，在月色星光之下，静谧安详。古榕巨木庇护着鸟类安宁过夜。当夜色消退，东方出现晨曦，百鸟就从金山的古榕和莽林间像箭似的穿飞长空，声声歌唱着远远飞翔而去。

红棉树

红棉树性喜阳光，挺直俊拔，英姿卓越，高出金山林表，所以又名英雄树。早春时节，红花满树，朵朵盛开，明丽照人。

　　金山的红棉树，最引人注目的是，一棵生长在藏书楼前，一棵生长在临江山崖上。

　　高耸在藏书楼前的红棉树，枝干舒发，花开如红焰烛天，上山下山路过树下，抬头仰望，满树红花照眼，精神为之振奋。

　　屹立在临江山崖上的红棉树，内侧展现一片操场。年轻人军训在红棉树下刻苦操练，心中油然产生英雄感和爱国的情操。

　　最有情趣的是，藏书楼前的红棉树下，峡谷石桥横架，桥下流水淙淙似鸣琴。这时，如果是红棉落花，朵朵漂浮，随流水逝去，别有一番诗情。而一遇山雨到来，瀑布如飞帘，水沫腾空，红棉在云雾中，影影绰绰，别有一番画意。

　　最使人感怀的是，站立临江红棉树的山崖上，俯视韩江，江水滔滔，风帆片片。不怕风浪的高头翘尾的"企领船"[5]，鼓满风帆，驱风逐浪。它们从上游的群山中来，驶向浩渺无边的南海。头顶红棉繁花，脚踩临江山崖，而向千里长河，这幅活生生的图画使人心胸开阔，使人眼光远大，使人壮志凌云。

　　金山值得回忆的事物何其多！想起当年从球场下来，站在悬崖边棠梨树下解开胸前纽扣张风纳凉，至今仍使我觉得神清气爽；想起当年山顶音乐教室飞出男女合唱的歌声，那"白云深处是家乡"的乐曲，至今仍萦绕在我的心间；想起当年山腰花圃盛开的蟹王花和含笑花，至今仍使我感到赏心悦目……

　　可回忆的不仅是金山的秀丽景色，更为长久思念的是一群良师益友。良师中有潇洒的郭笃士、热情风趣的丘玉麟、严肃认真的方卓然；而益友有聪明的陈章序、秀气的李欣、偶俶的林志才、俏丽的胡湉中、敏慧的林淑瑾……

一别金山已经半个多世纪了。去时，满头青丝，如今已两鬓如霜。可是值得宽慰的是，昔日的莘莘学子，今天很多是科学家、学者教授、作家艺术家了。

当年青丝覆额的青少年变成今天白发苍苍的老人，他们走过了多少天下路。为祖国的昌盛、为人民的事业，他们付出了宝贵的青春和无穷的智慧。人生的道路漫长，但多少人起步在金山。什么时候回到金山重数上山的石阶有多少级，重踏人生道路的起点，再看韩江涌凤城、旭日照金山。

1990 年 6 月于武汉东湖之滨

【 注释 】

① 碧野（1916—2008）：原名黄潮洋，广东梅州市大埔县人。现代作家，散文家。曾任中华全国文艺界抗敌协会成都分会理事，莽原出版社总编辑，曾在晋冀鲁豫边区北方大学艺术学院、华北大学文艺学院任教。

② 凤髻高翻：凤髻，古代汉族妇女发式，属于高髻的一类，流行于中国唐代。其式为凤形，也可以解释为凤凰髻上装饰金翠凤凰。凤髻高翻，即凤髻高翘。

③ 辐辏（fú còu）：形容人或物聚集。

④ 鳞次栉比：形容房屋或船只等排列得很密很整齐。

⑤ 企领船：企领，即立领。指船身高高立起如衣领一般的船。

　　自唐代韩愈到潮州兴办教育、开设书舍之后，潮州的文教事业得到了迅速发展。潮人历来重视文化教育，也常有海外侨胞回乡捐资建设校舍、设立奖教学金等。在基础教育方面，现在的潮汕高考各批上线率均居全省前列，其中汕头金山中学、潮州金山中学等都是省内名校，这些名校不仅培养了一批又一批出色人才，也保留着许多潮汕学子美好的求学回忆。

　　1. 汕头市金山中学。

　　汕头市金山中学前身系创建于清光绪三年（1877）的金山书院，现为广东省 17 所省重点中学之一。1952 年，学校从潮州市迁来汕头市。汕头市金山中学依山傍海、校园优美，是粤东历史最久、规模最大、设备最优、师资最强的名校，是培育优秀人才的摇篮。

2. 潮州市金山中学。

潮州市金山中学前身是创办于 1926 年秋的潮安县立初级中学，学校以其历史悠久、环境优美、校风优良、成绩优秀，进入"中国著名中学""中国名校"的行列。学校具有"兴学育才，艰苦奋斗，求真务实"的优良传统和"勤奋、活泼、求实、向上"的优良校风，知名校友有饶宗颐等。

校园生活是每个人成长过程中重要的一段回忆。请你通过查阅资料、参观走访等方式，了解一两所名校的历史、环境、办学理念等。

扫码听音频
（潮汕话）

扫码听音频
（普通话）

15 煮一轮故乡月品乡愁

鲁飞[1]

　　时间如流水潺潺流逝，不知不觉又是中秋。今夜，丝丝凉风扑面而来，我和妻儿在阳台上赏月、品茶、吃月饼，在这颇有一番情调的享受中，感恩生活的丰醇。

　　抬头凝望那轮皓碧的月亮从高楼的缝隙中，轻盈地步上中天时，我便情不自禁地在这如梦如幻、似醉非醉的氛围里沉湎着。在这安谧的夜里，我的身心仿佛融化在这祥和、宁静的世界。就在此时，王建的一句"今夜月明人尽望，不知秋思落谁家"的诗句突然在脑际浮现，于是，深藏心底的乡思便如这如银的月光一样涓涓地漫过心头，将我的身心浸淫着。

　　我的故乡是个小地方，那里既没有名山大川，也没有楼阁亭廊，有的只是平淡无奇的田园风光。想着故乡宅旁那棵桑葚和几棵番石榴，铺着崎岖不平的黄蜡石的小巷两旁墙壁上爬满的青苔；想着故乡那碧绿的柑园、可爱的牲灵、芬芳的泥土；想着故乡村头那棵高大魁梧的老榕树，犹如鬈曲飘拂的长须般的枝叶，像团团绿云浮在半空中；想着那宛如一条碧绿的飘带一样，环绕着我的故乡的红水河，曾带给我多少童年的欢乐。

　　月是故乡明，记忆中，故乡的中秋之夜，家家户户都有拜月的习俗。中秋拜月，主要为妇女和小孩，成年男子多不进行叩拜，故有"男不祭月，女不祭灶"的俗谚。说拜月，其实是指拜月娘。月属阴，叫太阴娘，民间称为月娘。拜月都在露天场所，城市居民，在阳台天台或自家庭院进行；乡村百姓拜月，大都集中到村里的大埕祭拜。拜月的习俗起源于何时，为什么家乡人要虔诚跪拜月神？儿时的我们可不管那么多，只知道拜月后，有甜茶喝，有月饼、"书册糕"② 和各种水果吃。因此，老早就扳起手指头盼着中秋夜晚的来临。

　　中秋是团圆的节日，吃月饼是潮汕人过中秋的一个重要的习俗。潮汕人制作月饼，不单用来拜月，更是相互馈赠亲朋好友、加深彼此感情的好习俗。……清嘉庆《澄海县志》曰："八月十五日为'中秋节'，士庶家以月饼相馈。"清光绪《海阳县志》：中秋"制团圆饼，号'月饼'"。潮人制作的月饼，称为潮式月饼，本地人叫朥饼。潮式月饼按其馅料不同，可分为绿豆沙月饼、乌豆沙月饼、水晶月饼、芋泥月饼和双拼月饼等不同品种。它以其香甜、脆软、肥而不腻而驰名海内外……

　　中秋这天傍晚，大人们祭拜祖先后，当月亮从东南方露出她朦胧的脸庞，孩子们便迫不及待地催促大人拜月了。于是，大人们便摆好八仙桌③，先在供桌前摆上香炉，再用各种盘子放上拜月的供品，有的放着各种花样的月饼和"书册糕"，有的放着林檎、梨子、苹果、柚子、石榴等五种水果，摆着三只洁白干净的杯子，斟满甜茶。已经读书的小孩会拿出刚分到的课本、没用过的笔和作业本放到八仙桌上拜月，祈求月亮娘娘保佑读书聪明。

八仙桌

书册糕

一切就绪后，主持拜月的老妪就点燃三炷香，面朝月亮升起的方向跪拜，叩头后，把香插入香炉，接着点燃一对红蜡烛。过了一阵子，点燃祭拜的纸钱，等化为灰烬，大家就同主持人一样虔诚地磕头、作揖。接下来，就盼着月光下闪动的红蜡烛尽早燃尽，我们可享受吃甜美月饼和各种果子的美味，这时的心就盈满了无比快乐的温情，那份满足比中秋的月亮还要圆满、明亮、高远……随后，大人们便边赏月边聊天，小孩子就在旁边讨甜茶喝。

而稍大一些的孩子却一直在忙着砌瓦片，搭建瓦塔和烧塔。中秋烧塔，是潮汕入中秋必不可少的仪式之一。清顺治《潮州府志》云："中秋玩月……儿童燃塔为乐。"清光绪《潮阳县志》载："（中秋）儿童则聚瓦片结小塔燃之。"烧塔的塔是用瓦片或烧过的焦煤渣堆叠而成。塔像个大烟囱，下大上小，层层交错叠起的"品"字形砖瓦块之间留着小窗。塔高或一米或几丈，高低大小不一。中秋之夜，在塔里燃烧柴草，在烧得很旺的时候，撒下大把大把的海盐，此时会传来密集的哔哔啪啪的声响，火舌舔着千百个小窗，又在外面连接成燃烧的火网，跟塔顶冲向天空的火焰上下呼应，场面极为壮观。看着一阵阵火光从瓦塔里冒出来，无论大人小孩子都会被吸引着，大声地"哇哇"地叫喊着，那表达喜悦心情的场面别有一番浓厚的人情况味，也闪耀着古老文明的文化况味。

长大后，我才知道中秋拜月，是故乡人对亲人思念的一种精神寄托和文化传承。拜月是托明月传递思乡、思亲的浓浓情思。正如苏轼所说："但愿人长久，千里共婵娟。"

皓月当空，抬头望明月，低头思故乡，思童年拜月的场景、烧塔的趣味，我的心中有一股汹涌的潮水在翻腾。于是，一边拿起手机给在故乡的母亲打个电话，与母亲聊起童年时，能在中秋吃上月饼的那种说不出的喜悦，同时，让妻子烧水，煮一轮故乡的明月泡茶，淡淡地品味，慢慢地回忆，在心底深处浮现的就是故乡月下那一朵朵开得火红绚丽的金凤花。

（选自鲁飞的《煮一轮故乡月泡茶》，有删改）

【注释】

① 鲁飞：1965 年生，原名蔡团深，鲁迅文学院残疾人作家研修班学员、中国残疾人作家联谊会会员、广东省作协残联分会常务副会长、广东省作协会员、广东省

文艺家协会会员、汕头市残疾人文联副主席兼秘书长、汕头作协理事。已出版散文集《生命之花》（获桑梓文学奖）、《留点空白更美》等。

②书册糕：又名云片糕、炖糕，是广东潮汕地区传统名点之一。之所以称"书册糕"，是因为这种糕点一片片紧紧相贴，形似一小本装订成册的书。

③八仙桌：中华民族传统家具之一，指桌面四边长度相等、桌面较宽的方桌，大方桌四边，每边可坐二人，四边围坐八人（犹如八仙），故中国民间雅称"八仙桌"。

导　读

潮汕文化有鲜明的地域特色。本文详细地描写了作者自己小时候在家乡"拜月赏月"的情节，回忆引起了深深的乡愁，抒发了作者对家乡的热爱，也展示了别具特色的潮汕民俗。

知识拓展

在潮汕地区，中秋节是传统民俗及民间祭祀的重要节日，每家每户会在这一晚"拜月娘"。拜月源于远古初民对月亮的崇拜，民间相传嫦娥奔月的故事，作为天体的月亮被人格化，故称其为月娘。

这天晚饭后，妇女们便忙着在能望见月娘的天井、门楼、厅前摆起桌子，扎上绣满祥禽瑞兽、富贵花卉的床裙，把水果、月饼、月糕等摆上去。入秋之后，成熟的柚子、梨子、菠萝、香蕉、林檎、龙眼、杨桃、柿子等竞相上市，琳琅满目的水果自然就成了中秋拜月的佳品。小朋友们也会在桌上摆上新文具和新簿本，祈盼月娘保佑自己读书聪慧，成绩优秀。之后就点上红蜡烛，焚上高香，开始恭候月娘升上中天。

　　人们还以中秋夜天气晴朗或阴暗来预卜上元节的阴晴。例如谚语："云盖中秋月，雨沃元宵灯。"

　　中秋是中国民间重要的大节日之一，许多人的童年中都有对中秋佳节活动的美好记忆。潮汕中秋节的习俗有浓浓的地方特色，如"拜月娘""烧塔"等，寄托了人们对美好生活的向往。请你走访了解一种中秋习俗，通过"文字＋摄影（手绘）"的方式，以日记（手账）的形式记录下来，并向大家介绍习俗中所寄托的愿望与情感。